요셉의 삶에 나타난 형통의 원리들

# 형통한 인생

다윗의열쇠

### 저자 임에녹

한세대와 총신신대원에서 신학을 공부하고, 풀러선
교대학원에서 선교학을 전공하였다(Th.M).
2011년 다윗의열쇠를 설립하여 국내외 선교를 지
원하고 있으며, 현재 넘치는은혜교회를 담임하고
있다.

# 목차

~~~

# 서문

꧁

이 책은 짧은 소책자입니다. 그러나 내용은 매우 중요하다고 말할 수 있습니다. 요셉과 같이 귀한 하나님의 일군을 세우는 영적원리들을 다루었기 때문입니다.

요셉은 극심한 가뭄 가운데 수많은 국가의 국민들과 자신의 모든 가족을 살리는 하나님의 통로였습니다.

날로 어두워지는 이 시대에서도 요셉과 같은 하나님의 일군이 절실히 요구됩니다.

이 글을 읽으시는 성도님들마다 요셉처럼 형통한 하나님의 통로가 되시길, 이를 통해 수많은 영혼을 생명으로 인도하여 하나님의 기쁨이 되시길 간절히 기도합니다.

2016년 5월 1일 임에녹

"여호와께서 요셉과 함께 하시므로 그가 형통한 자가 되어 그의 주인 애굽 사람의 집에 있으니 그의 주인이 여호와께서 그와 함께 하심을 보며 또 여호와께서 그의 범사에 형통하게 하심을 보았더라"(창 39:2~3).

# 형통한 인생

∞≈≈∞

## 탈모를 가중시킨 오해

탈모로 맘고생 하는 한 여성분이 계셨습니다.
스트레스를 많이 받은 나머지 머리카락을 지
키는 것에 모든 관심을 기울였습니다.

어느 날 이 여성분의 얼굴에 환한 미소가
번졌습니다. 두툼한 모자를 착용하면 머리카
락을 잘 보호할 수 있을 것이라는 생각이
떠올랐기 때문입니다.

이후 이분은 바로 모자를 구입하고, 모자와

동고동락 하는 인생이 되었습니다. 그리고 훗날 빼곡히 채워질 머리카락을 생각하며 행복한 날들을 보냈습니다.

그런데 이상하게도 시간이 지나도 탈모가 완화 되지 않았습니다. 오히려 크게 악화되었습니다. 너무도 심각한 상황이 되자, 이 여성분은 전문 의사에게 자신의 상황을 상담하였습니다.

그리고 이때 의사선생님께 충격적인 설명을 듣게 되었습니다. 모자를 장시간 착용한 것이 두피에 공급되는 산소를 차단하여, 탈모를 더욱 가중 시키게 되었다는 사실을 알게 된 것입니다.

## 형통을 오해하는 성도들

이상의 이야기처럼 많은 성도님들이 크게 오

해하는 것이 있습니다. 하나님께서 우리에게 허락하신 형통의 삶을 오해하는 것입니다. 이로 인해 참된 만족과 기쁨을 누리지 못할 뿐 아니라, 오히려 비참한 삶으로 고통을 당하기도 합니다.

때문에 모든 성도들은 성경이 말씀하시는 형통에 대한 바른 이해를 가져야 합니다. 그리고 더 나아가 하나님께서 허락하신 형통의 삶을 실제적으로 누려야 합니다.

이를 위해 요셉의 삶을 통해 하나님께서 교훈하시는 형통의 원리들을 간단히 살펴보려 합니다.

### 형통? 하나님께서 함께 하시는 것!

먼저 형통은 하나님께서 함께 하시는 것입니다.

많은 분들이 형통을 '자신의 뜻이 이루어지는 것' 또는 '일이 순탄하게 풀리는 것'으로 생각합니다.

그런데 성경이 말하는 형통은 이런 것들이 아닙니다. '하나님께서 함께 하시는 것'을 형통이라고 정의합니다.

그래서 창세기 39장 2절은 다음과 같이 말씀하십니다.

**여호와께서 요셉과 함께 하시므로 그가 형통한 자가 되어** 그의 주인 애굽 사람의 집에 있으니(창 39:2).

당시 요셉은 자신의 형들에 의해 애굽에 종으로 팔린 신세였습니다. 가족에게 버림을 받고, 타지에서 종노릇하는 인생이었습니다. 인간적으로 볼 때 절망적인 상태에 있었습니다.

그런데 성경은 이러한 요셉을 형통한 자로 기록하고 있습니다. 하나님께서 함께 하시는 것 자체가 형통인 것을 장엄하게 선언하고 있는 것입니다.

그렇습니다. 진정 형통한 자는 세상 사람들이 부러워하는 존재가 아닙니다. 하나님께서 함께 하시는 인생입니다. 하나님의 특별한 임재와 보호하심을 누리는 인생입니다.

이런 의미에서 모든 성도들은 이미 형통한 자들입니다. 예수님을 구주로 모시고, 내주하시는 성령님과 더불어 살아가는 것 자체가 하나님께서 함께 하시는 인생이기 때문입니다.

## 온 세상 날 버려도 주 예수 안 버려

저는 맨발의 전도자로 알려진 최춘선 할아버지에 대한 영상을 볼 때마다 이러한 형통의 의미를 다시금 곱씹습니다.

이분은 사람들이 동경하는 최고의 학벌과 부유한 재산을 모두 뒤로하고, 하나님께서 맡기신 사명에 충성하는 삶을 사셨습니다. 그리고 이처럼 아름답고 헌신적인 삶을 사신 할아버지의 방에는 다음과 같은 찬송가 구절이 적혀 있었습니다.

온 세상 날 버려도 주 예수 안 버려

모든 삶의 순간에도 여전히 동행하시는 하나님! 최춘선 할아버지는 이러한 하나님의 함께하심 가운데 주어진 사명을 온전히 감당하실 수 있었습니다. 그리고 김남준 목사님이 즐겨 쓰시는 표현과 같이 수많은 성도들에게 '깊은 울림'을 주는 사명자의 본이 되실 수 있었습니다.

그렇습니다. 우리는 하나님께서 함께 하시는 것이 형통한 삶인 것을 기억하고, 더욱 하나님을 갈망해야 합니다. 겸손히 하나님과 동행하는 삶을 추구해야 합니다. 이러한 삶을 살아갈 때 비로소 형통한 삶을 누릴 수 있습니다.

## 주위 사람을 부유하게 하는 형통

성경이 말하는 형통의 두 번째 원리는 주위 사람을 부유하게 하는 것입니다.

앞에서 말씀드렸듯이 사람들은 자신이 잘되는 것을 형통이라고 오해합니다. 그런데 성경은 이와 정반대로 말합니다. 자신이 잘되는 것이 아닌, 남을 잘되게 하는 것을 형통이라고 말합니다.

창세기 39장 5절은 이러한 사실을 다음과 같이 말씀하십니다.

> 그(주인)가 요셉에게 자기의 집과 그의 모든 소유물을 주관하게 한 때부터 **여호와께서 요셉을 위하여 그 애굽 사람의 집에 복을 내리시므로** 여호와의 복이 그의 집과 밭에 있는 모든 소유에 미친지라 (창 39:5).

요셉은 애굽 왕 바로의 친위대장이었던 보디발의 집에 종으로 팔려간 후, 주인에게 호의를 입어 모든 것을 주관하게 됩니다.

그런데 이때 하나님께서 요셉을 위하여 하신 일이 있으십니다. 무엇입니까? 하나님께서 '그 애굽 사람의 집에' 복을 내리신 것입니다. 요셉에게 복을 주신 것이 아니라, '요셉을 위하여' 그가 속한 공동체에 복을 주신 것이었습니다.

우리는 우리 자신이 잘되는 것이 하나님께서 주시는 형통이라고 오해하기 쉽습니다. 그러나 진정한 형통은 우리 자신이 잘되는 것이 아닙니다. 우리를 통해 우리가 속한 공동체가 하나님의 은혜를 누리는 것입니다. 이것이 진정한 형통의 축복입니다.

## 복의 통로로 부름 받은 아브라함

믿음의 조상으로 여겨지는 아브라함의 소명 기사에서도 이러한 형통의 원리가 잘 나타납니다.

하나님은 아브라함을 부르실 때 다음과 같은 약속을 주셨습니다.

내가 너로 큰 민족을 이루고 네게 복을 주어

네 이름을 창대하게 하리니 **너는 복이 될지라** 너를 축복하는 자에게는 내가 복을 내리고 너를 저주하는 자에게는 내가 저주하리니 **땅의 모든 족속이 너로 말미암아 복을 얻을 것이라** 하신지라 (창 12:2-3).

하나님의 은혜로 창대함을 약속받은 아브라함! 하나님은 이러한 아브라함에게 특별한 계획을 갖고 계셨습니다. 그것은 바로 '땅의 모든 족속이 아브라함을 통해 복을 얻는 것'이었습니다.

한마디로, 아브라함을 통해 열방이 하나님의 복을 누리는 것! 이것이 아브라함을 향한 하나님의 계획이었습니다.

사랑하는 성도 여러분, 우리는 그릇된 세상의 가치관으로 인해 진정한 하나님의 형통을 잃어버리기 쉽습니다. 세상은 우리 자신이 복을 누리라고 끊임없이 설득하기 때문입니다. 그러나 하나님께서는 우리에게 복의 통로가 되라고 말씀하십니다. 우리를 통해 우리 주위 사람들이 하나님의 복을 누리는 존재가 되라고 가르치십니다.

## 공부해서 남 줘라

이런 형통의 원리를 크게 강조하신 목회자분이 계십니다. 바로 김동호 목사님입니다. 김동호 목사님은 청년들에게 '공부해서 남 주는 인생이 되라'라고 강조하셨습니다. 자신을 위한 삶이 아닌 남을 위한 삶이 될 것을 반복적으로 권면하셨습니다.

저는 이것이 진정 하나님께서 기뻐하시는 형통의 삶이라고 동일하게 강조하고 싶습니다. 형통한 인생은 자신이 아닌 자신이 속한 가족을 부유하게 하는 존재입니다. 자신이 섬기는 교회를 부흥하게 하고, 자신이 태어난 나라를 더욱 세우는 존재입니다. 더 나아가 열방의 모든 족속들이 하나님의 복을 누리도록 도와 주는 존재입니다.

그리고 이러한 삶을 살아가는 형통의 사람은 필연적으로 더욱 풍성한 삶을 누리게 됩니다. 하나님의 특별한 공급하심이 언제나 흘러넘 치기 때문입니다.

저를 비롯한 모든 성도님들은 이와 같은 복의 통로가 되어야 합니다. 이것이 하나님께서 성도들에게 원하시는 형통의 삶입니다.

## 사명을 완성시키는 형통

마지막으로 형통은 사명을 위해 준비되는 것 입니다.

요셉은 주인의 집에서 충성된 삶을 살아갑니다. 그런데 전혀 예상치 못한 큰 곤경에 빠지게 됩니다. 자신을 계속적으로 유혹하는 주인의 아내를 거부하자, 이 여인의 모함으로 인해 강간미수범(?)으로 몰린 것입니다.

이로 인해 충성된 삶을 살았던 요셉은 오히려 주인의 분노를 사게 되어, 왕의 죄수를 가두는 옥에 갇히게 됩니다.

> 그의 주인이 자기 아내가 자기에게 이르기를 당신의 종이 내게 이같이 행하였다 하는 말을 듣고 심히 노한지라 이에 **요셉의 주인이 그를 잡아 옥에 가두니 그 옥은 왕의 죄수를 가두는 곳이었더라** (창 39:19-20).

사랑하는 성도 여러분, 인간적인 눈으로 볼 때, 불경스런 표현이지만 '하나님께서 너무

하신다'라는 생각이 들기도 합니다. 요셉이 계속되는 여인의 유혹을 거부한 것도, 사실 하나님 앞에서 죄를 짓고 싶지 않은 굳은 절개의 결과였기 때문입니다.

> 그 후에 그의 주인의 아내가 요셉에게 눈짓하다가 동침하기를 청하니 요셉이 거절하며 자기 주인의 아내에게 이르되 내 주인이 집안의 모든 소유를 간섭하지 아니하고 다 내 손에 위탁하였으니 이 집에는 나보다 큰 이가 없으며 주인이 아무것도 내게 금하지 아니하였어도 금한 것은 당신뿐이니 당신은 그의 아내임이라 그런즉 **내가 어찌 이 큰 악을 행하여 하나님께 죄를 지으리이까** (창 39:7-9).

'요셉이 이토록 하나님 앞에서 거룩하고 순결하게 살 것을 노력했다면, 하나님께서는 이러한 요셉의 충성됨을 보시고 그를 고통가운데

서 벗어나게 해주셔야 되는 것이 아닌가!' 하
는 생각이 떠나질 않습니다.

그런데 하나님께서는 요셉에게 오히려 더 큰
시련을 주셨습니다. 종의 신분보다 더 초라한
죄수의 신분으로 전락하는 것을 허용하신 것
입니다.

인간의 눈으로 볼 때 이것은 결코 형통이
아닙니다. 그러나 하나님의 지혜의 눈으로
볼 때 이것은 진정 형통입니다. 왜냐하면 요
셉은 이 감옥에서 애굽의 높은 관리들을 접하
게 되는데, 이러한 과정을 통해 훗날 요셉이
감당하게 될 애굽 총리의 자질이 준비될 수
있었기 때문입니다.

## 온전한 사명자로 준비되는 요셉
저명한 기업인들이 자신의 사랑하는 자녀들

을 양육하는 방법이 있습니다. 밑바닥부터 차근차근 실력을 닦아가게 하는 것입니다. 기초가 튼실한 실력자로 교육해서 훗날 위대한 기업을 이끄는 인재로 세우는 것입니다. 하나님의 일하심도 이와 동일하십니다. 하나님께서도 당신의 자녀들을 부족함 없는 일군으로 양육하십니다.

장차 애굽의 총리가 될 요셉 역시 이러한 하나님의 계획 아래 있었습니다. 먼저 하나님은 요셉을 애굽의 친위대장 보디발의 집으로 보내셨습니다. 그리고 그 위대한 권력자의 막대한 재산을 모두 다루도록 요셉을 훈련시키셨습니다. 훗날 거대한 애굽의 경제를 운영할 실력을 배양하신 것입니다.

이러한 훈련이 끝나자, 하나님은 특별한 섭리 가운데 요셉을 왕의 죄수들이 있는 감옥으로 보내셨습니다. 그리고 이곳에서 저명한 정치인들과 교류하게 하심으로써, 훗날 총리가 지녀야 할 정치적 리더십을 교육하셨습니다. 이후 하나님께서는 가장 적절한 시기에 요셉을 총리로 세우시고, 주신 사명을 온전히 감당하는 영광을 누리게 하셨습니다. 이를 통해 애굽 온 백성들과 주변 국가들, 그리고 요셉의 모든 가족들이 죽음에서 벗어나 풍성한 삶을 누리게 하셨습니다.

그렇습니다. 우리 자신은 편안하고 안락한 삶을 더욱 선호하지만, 하나님은 당신의 자녀들이 맡겨진 사명을 온전히 감당하는 일군으로 준비되길 원하십니다. 죽어가는 영혼을 살리는 사명자로 훈련시키십니다.

이런 의미에서 우리가 온전한 사명자로 준비되는 모든 과정이 하나님께서 허락하신 형통이라고 말할 수 있습니다.

김남준 목사님이 「교회와 그리스도의 남은 고난」이란 책에 언급한 것처럼, 성도는 '자신이 살아가는 삶의 동기와 그를 지으신 하나님의 계획이 일치할 때 행복'하고(2015:266), 또한 자신의 사명을 온전히 성취할 때 비로소 가장 큰 기쁨을 누리기 때문입니다.

## 하나님의 형통을 누리라

사랑하는 여러분, 인간의 생각과 하나님의 생각이 전혀 다르듯, 인간이 생각하는 형통과 하나님께서 말씀하신 형통 역시 크게 다릅니다.

우리는 세상이 말하는 거짓 형통의 기준들을 모두 버려야 합니다. 그리고 하나님께서 기뻐하시는 진정한 형통을 더욱 추구해야 합니다.

이를 위해, 하나님께서 함께하시는 것이 형통임을 알고, 우리 자신이 아닌 다른 사람을 부유하게 하는 삶을 살며, 또한 하나님께서 허락하신 사명을 온전히 감당하는 일군으로 더욱 준비되어야 합니다. 이것이 진정한 형통입니다.

이글을 읽으시는 분들마다 이와 같은 형통의 삶을 누리시길 예수님의 이름으로 축원합니다.

# 유일한 구원의 길
# 예수 그리스도

◦◦◦

예수께서 이르시되 내가 곧 길이요 진리요 생명
이니 나로 말미암지 않고는 아버지께로  올 자가
없느니라(요 14:6).

모든 인간은 죄 가운데 태어나고, 죄 가운데
살아가게 됩니다. 그리고 죽은 이후에는 그
결과로 영원한 죄의 형벌을 받게 됩니다.

한번 죽는 것은 사람에게 정해진 것이요 그 후에
는 심판이 있으리니(히 9:27).

그러나 사랑이 많으신 하나님께서는 우리를 살리시기 위해 당신의 외아들 예수님을 이 땅에 보내주셨습니다. 그리고 모든 인류의 죄를 대신하여 십자가에서 죽임을 당하게 하시고 다시 살아나게 하셔서, 예수님을 영접하는 자마다 영원한 생명을 얻게 하셨습니다.

하나님이 세상을 이처럼 사랑하사 독생자를 주셨으니 이는 그를 믿는 자마다 멸망하지 않고 영생을 얻게 하려 하심이라(요 3:16).

때문에 이 세상에서 가장 중요한 일은 유일한 구원의 길인 예수님을 마음으로 모시는 것입니다. 예수님을 구주로, 즉 구원자와 임금으로 영접할 때 비로소 하나님께서 허락하신 풍성한 삶과 영원한 생명을 누릴 수 있기 때문입니다.

이스라엘 온 집은 확실히 알지니 너희가 십자가에 못 박은 이 예수를 하나님이 주(임금)와 그리스도(구원자)가 되게 하셨느니라 하니라(행 2:36).

아직 예수님을 영접하지 않으신 분은 마음을 열고, 아래의 기도문을 따라 읽어 주시길 바랍니다.

"나 같은 죄인을 사랑해주시는 하나님 감사합니다. 지금 나는, 나를 위해 죽으시고 부활하신 예수님을 마음으로 영접합니다.

예수님께서 나의 모든 죄를 용서해 주신 것을 믿습니다. 지금부터 천국 가는 그 순간까지 나와 함께하여 주옵소서. 하나님께서 기뻐하시는 삶을 살아갈 수 있도록 도와주옵소서.

귀하신 예수님의 이름으로 기도합니다. 아멘".

우리가 이 기도문을 진심으로 고백할 때, 하나님께서는 우리의 모든 죄를 용서해 주십니다. 그리고 하나님의 자녀가 되는 권세를 주셔서 세상이 알 수 없는 평안과 형통의 삶을 허락해 주십니다.

> (예수님을) 영접하는 자 곧 그 이름(예수님)을 믿는 자들에게는 하나님의 자녀가 되는 권세를 주셨으니(요 1:12).

예수님을 믿는 것과 동일하게 중요한 것이 있습니다. 예수님을 영접한 성도들과 함께 신앙생활을 하는 것입니다. 주위에 건강한 교회에 꼭 출석하셔서, 신앙생활의 위대한 감격을 누리시길 온 맘으로 소망합니다.

# 다윗의열쇠 소개

꩜

거룩하고 진실하사 다윗의 열쇠를 가지신 이 곧 열면 닫을 자가 없고 닫으면 열 사람이 없는 그(예수님)가 이르시되(계 3:7).

다윗의열쇠는 세상의 모든 것을 열고, 닫으시는 예수님의 권세와 능력의 상징입니다. 도서출판 다윗의열쇠는 왕이요 구원자 되신 예수님을 온 민족과 열방에 증거하기 위해 2011년 9월에 설립되었습니다.

이런 목적을 위해 첫째, 국내외 선교사님들의 사역을 직간접적으로 섬기고, 둘째, 치유와 회복을 통해 목회자분들과 성도님들의 영적 성장을 도우며, 셋째, 기름 부으심 있는 글을 통해 하나님의 사명자를 세우는 사역에 헌신하고 있습니다.

요셉의 삶에 나타난 형통의 원리들

# 형통한 인생

2016년 5월 1일 1판 1쇄 발행

지은이 | 임에녹
홍 보 | 강석원
펴낸이 | 임정훈
디자인 | 참디자인(02-3216-1085)
인 쇄 | 예원프린팅(031-902-6550)
펴낸곳 | 다윗의열쇠
등 록 | 제 2011-20호(2011.9. 20)

주 소 | 서울 동대문구 제기동 823 렉스빌 301호
이메일 | keyofdavid@hanmail.net
전 화 | 070)7329-8115
팩 스 | 02)6918-4153

책 값 | 뒤표지에 있습니다.
ISBN | 978-89-967321-0-5

  이 도서의 국립중앙도서관 출판예정도서목록(CIP)은
  서지정보유통지원시스템 홈페이지(http://seoji.nl.go.kr)와
  국가자료공동목록시스템(http://www.nl.go.kr/ kolisnet)에서
  이용하실 수 있습니다.(CIP제어번호: CIP2016009737)